100% HITS

succès français et internationaux

W0283143

Carisch

Nous remercions les Éditions WARNER CHAPPELL MUSIC FRANCE
pour leurs autorisations.

BLUE EYES

Paroles et Musique de Elton John, Gary Osborne

Eb11
Em5-7
when the morn - ing comes, I'll be far a- way,
when I'm by her side where I long to be,
Mib 11
Mim7-5
A
Dm
Bb/D
and I say Blue eyes hold - ing back the tears hold - ing back the
I will see Blue eyes laugh - ing in the sun, laugh - ing in the
La
Rem
Sib/Re
F
F/A
F/Ab
Gm
Eb11
3fr.
pain ba - by's got blue eyes, and she's a - lone
rain ba - by's got blue eyes and am I home
Fa
Fa/La
Fam/Lab
Solm
Mib 11
FINE
D.S. al FINE
1.
2.
Bb/C
C
F
Eb
Ab
Gb
Db/F
Ab/Eb
4fr.
a- gain.
And am I home a- gain.
Sib/Do
Do
Fa
Mib
Lab
Solb
Reb/Fa
Lab/Mib

ARTHUR'S THEME
(Best That You Can Do)

Paroles et Musique de Christopher Cross, Burt Bacharach, Peter Allen, Carole Bayer Sager

Bb Esus7 E7 A E/A A A/C#
next thing you know, you're clos - in' down the town.
deep in his heart, he's just, he's just a boy.
Sib Mi4/7 Mi7 La Mi/La La La/Do#
Dm7 G7 C
Wake up and she's still with you, e - ven though you left her way
Liv - in' his life one day at a time, he's show - ing him - self a real -
Rem7 Sol7 Do
F Bb Esus7 E7 A
a - cross town. You're won - der - in' to your - self, hey, what - 've I found?
- ly good time. He's laugh - in' a - bout the way they want him to be.
Fa Sib Mi4/7 Mi7 La
E/A A A/C# DM7 E/D D AM7
When you get caught be - tween the moon and New York Cit - y,
Mi/La La La/Do# Re+7 Mi/Re Re La+7

Bm7 A/B Bm7 A
I know it's crazy, but it's true.
Sim7 La/Si Sim7 La
A/C♯ DM7 E/D D C♯m7
If you get caught between the moon and New York Cit - - - -
La/Do♯ Re+7 Mi/Re Re Do♯m7
F♯sus7 F♯7 Bm7
- y, the best that you can do, the best that you can do
Fa♯4/7 Fa♯7 Sim7
D.S. and fade
D/A 1. A A/C♯ 2. A A/C♯
is fall in love.
Re/La La La/Do♯ La La/Do♯

CHACUN FAIT
(c'qui lui plaît)

Paroles de Philippe Bourgoin - Musique de Gérard Presgurvic

4e fois al CODA
Dm
tout seul, tout seul, tout seul, Pen - dant qu'Bou - logn se dé - ses - pèr' J'ai
qu'est - ce t'as là, qu'est - ce t'as Tout près d'un' poste y a un p'tit bar Je
Rem
Gm7
d'quoi m'rem - plir un der - nier verre Clac fait le verre en tom - bant sur le li - no Je
pouss' la porte et j'viens m'as - seoir Trois, quatr' pa - ti - bu - lair's tap'nt le car - ton dans les
Solm7
A7
m'coup' la main en ra - mas - sant les mor - ceaux Je sté - ri - lise Les murs qui dans'nt L'al -
wa - ters Tout' seul' au bar dans un coin noir Un' blond' pla - tine Si - rote sa fine Ell'
La7
Dm
- cool ça grise Et ça com - mence Yeah Yeah Yeah font
dit: "Cham - pagne" Je l'ac - com - pagne Yeah Yeah Yeah Ell'
Rem

Eb/Bb
les mou - tons___ sur le par - quet___ Parlé: Et à ce moment - la qu'est - ce que vous avez
dit: Cin - quante___ j'lui dis: Ça m'tente___ Parlé: Et vous êtes rentré comment?... Dans ma
Mib/Sib
Cm7
Refrain
Eb
fait?... J'crois qu'j'ai remis la radio
voiture... Ah... Yavait toujours le même air à la radio
Cha - cun fait, fait,___ fait,
Cha - cun fait, fait,___ fait,
Dom7
Mib
Dm
G7
C
CM7
C'qui___ lui plait, plait,___ plait, Parlé: Précipice est au bout
C'qui___ lui plait, plait,___ plait, Parlé: Que d'pression dans les bars
Pré - ci - pice on s'en fout
Per - sonne te pousse à boire
Rem
Sol7
Do
Do+7
Am
B7
Cha - cun fait, fait,___ fait,
Cha - cun fait, fait,___ fait,
C'qui___ lui plait, plait,___ plait,
C'qui___ lui plait, plait,___ plait,
Lam
Si7

F
G7
Tout les e - toiles qui brillent
Parlé: Qu'est - ce qu'elles ont a me dire les étoiles?
Les gens ont de ces manies
Parlé: La décalcomanie....
Fa
Sol7
Dm
CODA
dam' Pi - pi a des en - nuis Mon - sieur Pa - pa s'fait du tra - cas Dans
Rem
Gm7
A7
les lo - gis des mal lo - tis Bé - bé vo - mit sa bouil - lie Huit heur's du mat', j'ai des fris - sons
Solm7
La7
Dm
J'claqu' des dents et je mont' le son Seul' sur le lit dans ces draps bleus frois - sés C'est
Rem

l'in- som- nie som- meil cas- sé Je perds la têt' mes ci- ga- rett's Sont tout's fu- mées dans l'cen- dri- er C'est plein
Gm7
d'klee - nexs et d'bou - teill's vid's J'suis tout seul, tout seul, tout seul, Pen -
Solm7
A7
dant qu'Bou- logn se dé - ses - pèr' J'ai d'quoi m'rem - plir un der - nier verre
La7
Dm
Reprise PIANO SOLO ad lib. fade out
Clac fait le verre en tom- bant sur le li- no Je m'coup' la main en ra- mas- sant les mor- ceaux
Rem

LES CHAMPS ÉLYSÉES

Adaptation française de Pierre Delanoë s/les motifs de "WATERLOO ROAD" (Mike Wilsh, Mike Deighan)

Em7 C7 C G A7 D7 G
Je t'ai dit n'im-por-te quoi Il suf-fi-sait de te parler Pour t'ap-pri-voi-ser
a chan-té, on a dan-sé Et l'on n'a mê-me pas pen-sé A s'em - bras-ser
Un Or-chestre à mille cor-des Tout les oi-seaux du Point du Jour Chan-tent l'A-mour
Mim7 Sol7 Do Sol La7 Re7 Sol
REFRAIN
G B7 Em G7 C G A7 D7
Aux Champs-E-ly-sées Aux Champs-E-ly-sées
Sol Si7 Mim Sol7 Do Sol La7 Re7
G B7 Em7 G7 C G
3° fois al Coda
Au so-leil, sous la pluie A mi-di ou a mi-nuit il y a tout c'que vous vou-lez Aux
Sol Si7 Mim7 Sol7 Do Sol
A7 D7 G
Champs-E-ly-sées.
La7 Re7 Sol
CODA
A7 D7 G
Champs-E-ly-sées.
La7 Re7 Sol

CHEZ LAURETTE

Paroles de Michel Delpech - Musique de Roland Vincent

Cm7 3fr. F7 B♭M7 E♭M7
ver - re quand on en - trait Lau - ret - te sou - ri - ait et d'un seul coup nos le - çons nos pro -
pei ne Lau - ret - te seule sa - vait nous con - so - ler Elle nous par - lait et l'on ri - ait quand -
Dom7 Fa7 Sib+7 Mib+7
Cm6 D7 Gm7 Cm6 Gm7
blè - mes dis - pa - rais - saient quand elle nous em - bras - sait C'é - tait bien chez Lau -
- mê - me En un clin d'oeil elle pou - vait tout chan - ger C'é - tait bien chez Lau -
Dom6 Re7 Solm7 Dom6 Solm7
Cm7 3fr F7 B♭M7 E♭M7
- ret - te quand on fai - sait la fê - te el - le ve nait vers
- ret - te On y re - tour - ne - ra pour ne pas l'ou - bli -
Dom7 Fa7 Sib+7 Mib+7

Cm6 D7 GM7 Gm6 Am7 Gm7 Cm7 3fr
nous Lau - ret - te C'é-tait bien c'é-tait chouet - te
- er Lau - ret - te Ce s'ra bien ce s'ra chouet - te
Dom6 Re7 Sol+7 Solm6 Lam7 Solm7 Dom7
F7 B♭M7 E♭M7 Cm6 D7
quand on é-tait fau - ché El - le pay - ait pour nous Lau -
et l'on re - par - le - ra des his-toires du pas - sé chez Lau -
Fa7 Si♭+7 Mi♭+7 Dom6 Re7
1. 2.
Gm7 Gm6 Gm7 Gm6 Am7 Gm7
- ret - te Et plus en- - ret - te ce s'ra bien ce s'ra
Solm7 Solm6 Solm7 Solm6 Lam7 Solm7

Cm7 F7 B♭M7 E♭M7 Cm6
chouet - te et l'on re - par - le - ra des his - toires du pas - sé chez Lau -
Dom7 Fa7 Si♭+7 Mi♭+7 Dom6
Gm7 Gm6 Am7 Gm7 Cm7 F7 B♭M7
ret - te (siffler)
Solm7 Solm6 Lam7 Solm7 Dom7 Fa7 Si♭+7
E♭M7 Gm6 D7 Gm Cm9
Chez Lau - ret - te
Mi♭+7 Dom6 Re7 Solm Solm9

COMME D'HABITUDE
(My Way)

Paroles de Gilles Thibaut - Musique de Claude François, Jacques Revaux

F7
Bb
main ca-resses tes che - veux pres - que mal - gré moi Comme d'ha - bi -
bruit je quitte la mai - son tout es gris de - hors Comme d'ha - bi -
seul j'i - rai me cou - cher dans ce grand lit froid Comme d'ha - bi -
Fa7
Sib
Bbm
F/C
C7
- tu - de Meis toi tu me tour - nes le dos Comme d'ha - bi -
- tu - de J'ai froid je re - lève mon col Comme d'ha - bi -
- tu - de Mes larmes je les ca - che - rai Comme d'ha - bi -
Sibm
Fa/Do
Do7
1.
2.3.
Bb6/F
F
F
- tu - - - - - - de Et
- tu - - - - - - - de Comme d'ha - bi -
- tu - - - - - - - de Mais comme d'ha - bi -
Sib6/Fa
Fa
Fa

Cm7/F
Bb
- tude Toute la jour - née je vais jou - er à faire sem -
- tude mê - me la - nuit je vais jou - er à faire sem -
Dom7/Fa
Sib
Gm7
C7
- blant Comme d'ha - bi - tude je vais sou - rire Comme d'ha - bi -
- blant Comme d'ha - bi - tude tu ren - tre - ras Comme d'ha - bi -
Solm7
Do7
Am7
Dm
Gm7
- tude Je vais même rire Comme d'ha - bi - tude en - fin je vais
- tude Je t'at - ten - drai Comme d'ha - bi - tude tu me sou - ri -
Lam7
Rem
Solm7
C7
Gm4/F
F
vivre Comme d'ha - bi - tu - - - - - - - de Et
- ras Comme d'ha - bi - tu - - - - - - - -
Do7
Solm4/Fa
Fa

CODA
F
Gm7
C7
- de Oh oh oh Comme d'ha - bi - tude Tu te dés - ha - bill' - ras Comme d'ha - bi -
- tude On fe - ra sem - blant Comme d'ha - bi -
Fa
Solm7
Do7
Am7
Dm
Gm7
- tude Tu te cou - che - ras Comme d'ha - bi - tude on s'em - bras - se -
- tude On fe - ra l'a - mour Comme d'ha - bi - tude on fe - ra sem -
Lam7
Rem
Solm7
C7
Gm4/C
F
Ad libitum
ra Comme d'ha - bi - tu - - - - - de Oh oh oh Comme d'ha - bi
- blant Comme d'ha - bi - tu - - - - - de
Do7
Solm4/Fa
Fa

CON TE PARTIRÒ
(Partir avec toi)

Paroles de Lucio Quarantotto - Musique de Francesco Sartori

C D Gadd9 D/F# Em7 C D
me con me su le fi - ne - stre mo - stra a tut - ti il mio cuo - re che hai ac - ce - so
Do Re Sol2 Re/Fa# Mim7 Do Re
Gadd9 D/F# Em7 C D
chiu - di den - tro me la lu - ce che hai in - con - tra - to per stra - da
Sol2 Re/Fa# Mim7 Do Re
G Dsus4 D Em C G D Em C
con te par - ti - rò pa - e - si che non ho mai ve - du - to e vis - su - to con
(time to say good - bye)
Sol Re4 Re Mim Do Sol Re Mim Do
G C D G Dsus4 D Em C
te a - des - so sì li vi - vrò con te par - ti - rò su
Sol Do Re Sol Re4 Re Mim Do

G D Em C G C D
na-vi per ma-ri che io lo so no no non e-si-sto-no più con te io li vi-vrò
(it's time to say good-bye)
Sol Re Mim Do Sol Do Re
Gsus4 G
quan-do sei lon-ta-na so-gno al-l'o-riz-zon-te e man-can le pa-ro-le
Sol4 Sol
C D Am/C Bm/D C D Em
e io sì lo so che sei con me con me tu mia lu-na tu sei qui con me
Do Re Lam/Do Sim/Re Do Re Mim
C/E D Am/C Bm/D Em D
mi-o so-le tu sei qui con me con me con me con me
Do/Mi Re Lam/Do Sim/Re Mim Re
Dal 𝄋 al 𝄌
poi SEGUE

SEGUE
G C D A Esus4 E F#m D
più con te io li ri-vi-vrò con te par-ti-rò su
Sol Do Re La Mi4 Mi Fa#m Re
A E F#m D A D/E E
na-vi per ma-ri che io lo so no no non e-si-sto-no più con te io li ri-vi-
La Mi Fa#m Re La Re/Mi Mi
A Esus4 E F#m E A E F#m D
-vrò con te par-ti-rò
La Mi4 Mi Fa#m Re La Mi Fa#m Re
A D/E E Dm/F Em/G C D6 A
io con te
La Re/Mi Mi Rem/Fa Mim/Sol Do Re6 La

DARLA DIRLADADA

Adaptation française de Boris Bergman - Paroles originales et Musique de Ginis Pantelis
Arrangements de Jean Musy sur les motifs de "Dirlada"

Bb
D7
A cel - le de tes vingt prin - temps A - dieu ma femm' tu é - tais
- DA Comm' sur les pho - tos des ve - dettes DAR - LA DIR - LA - DA - DA Je n'ai qu'une en - fant c'est ma
Je crois que je ai tout dit Je n'ai qu'une en - fant c'est ma
Sib
Re7
Gm
D7
Gm
belle A ce que'en di - saient mes a - mis
terre DAR - LA DIR - LA - DA - DA Je n'ai qu'une a - mie la ri - vière DAR - LA DIR - LA - DA -
terre Je n'ai qu'une a - mie la ri - vière
Solm
Re7
Solm
Bb
Il fai - sait bon dans mon lo gis A - dieu ma femm' j'a - vais du
- DA Elle est à moi elle me con - nait DAR - LA DIR - LA - DA - DA Quand el - le danse sur les ga -
Qui fait DAR - LA DIR - LA - DA - DA Je ne suis pas un mé - chant
Sib

cœur Il a deux champs et un trac - teur
- lets DAR- LA DIR- LA- DA - DA Elle fait DAR - LA DIR- LA- DA - DA DAR- LA DIR- LA- DA -
homme Mais que mes pro - ches me par - donnent
Cm
3fr
B♭
Et moi je n'ai que ma deux mains Pour se- mer le vent et le
- DA Elle fait DAR- LA DIR - LA- DA - DA DAR- LA DIR- LA- DA - DA Da di dir la dir la da
Je suis né aux champs à l'au - tomne Et j'a- vais le ciel bleu pour
Dom
Si♭
D7
Cm
3fr
grain A - dieu ma femm' pen- dant que t'aime
da DAR- LA DIR- LA- DA - DA Je ne suis pas un mé - chant homme DAR- LA DIR- LA- DA -
toit Chan- tant DAR - LA DIR - LA - DA - DA
Re7
Solm

D7
Gm
3fr
Moi j'i - rai sur - veil - ler mes graines
- DA Mais que mes pro - ches me par - donnent DAR - LA DIR - LA - DA -
Chan - tant DAR - LA DIR - LA - DA - DA
Re7
Solm
1.2.
B♭
A - dieu ma femm' t'é - tais jo - lie DAR - LA - DIR - LA - DA–
- DA Je suis né aux champs à l'au - tomne
Si♭
B♭
(Cœurs)
Reprise ad lib.
- DA Da di Dir la dir la da da DAR - LA DIR - LA - DA -
en dim.
Si♭
CODA

GENTLEMAN CAMBRIOLEUR

Paroles de Yves Dessca, Franck Harvel - Musique de Jean-Pierre Bourtayre

C C/B C/B♭ C7 F
femme
- seuse
Il lui fait por - ter des fleurs
A l'é-pou - se la meil - leur'
Do Do/Si Do/Si♭ Do7 Fa
Dm G7 C A7 Dm G7
Gen - tle-man cam - bri - o - leur
Gen - tle-man cam - bri - o - leur
Est un grand sei - gneur
A ga-gné le cœur
Rem Sol7 Do La7 Rem Sol7
C C
Il vient chez vous la nuit Sans dé-ran - ger vo - tre som-meil Il
Do Do
Dm
dé-cro - che sans bruit Le ta-bleau a - che - té la veill' Puis a - vant de par - tir A - près ses
Rem

G7
cou - pa - bles tra - vaux
Il laisse un mot sur le pia - no
Sol7
C'est le plus grand des vo -
C
CODA
Do
A7
D
D/C♯
D/B
D/A
C'est le plus grand des vo - leurs
Oui mais c'est un
La7
Re
Re/Do♯
Re/Si
Re/La
Em
gen - tle - man
Il s'em - par' de vos va - leurs
Mim

A7
D
Sans vous me - na - cer d'une arm'
Quand il dé - trouss' u - ne
La7
Re
D
D/C♯
D/C
D7
G
femm'
Il lui fait por - ter des fleurs
Re
Re/Do♯
Re/Do
Re7
Sol
Em
A7
D
B7
Gen - tle - man cam - bri - o - leur
Mim
La7
Re
Si7
Em
A7
D
Reprise Ad Lib.
Est un grand sei - gneur
Orch.
Mim
La7
Re

CHANGEZ TOUT

Paroles de Pierre Grosz - Musique de Michel Jonasz

Fm
C7
CbM7
Bb9
EbM7
- tour d'un che- min vert Et vous dit 'Ça va pas comm' ça Chan-gez tout
parle à cœur ou- vert Et vous dit 'Qu'est- c'que t'as bien fait De chan- ger tout
Fam
Do7
Dob+7
Sib9
Mib+7
D7
G7
C
A7
chan- gez tout Vot'- mond' ne tient pas de- bout Chan- gez tout
chan- ger tout Pour un' vie qui vaille le coup Chan- gez tout
Re7
Sol7
Do
La7
Dm7
Fm6
G7
1.
C
2.
C
Chan- gez tout Chan- gez tout' Je
Chan- gez tout Chan- gez tout' Chan- gez tout
Rem7
Fam6
Sol7
Do
Do

D7
G7
C
A7
Chan- gez tout
Qu'est- c'que vous fe- riez sans nous
A- près tout
Re7
Sol7
Do
La7
Dm7
Fm6
G7
C
Chan- gez tout
Chan- gez tout'
Chan- gez tout
Rem7
Fam6
Sol7
Do
Eb7
Ab7
Db
Bb7
chan- gez tout
Pour un'- vie qui vaille le coup
Chan- gez tout
Mib7
Lab7
Reb
Sib7
Ebm7
Gbm6
Gb/Ab
Db
Chan- gez tout chan- gez tout!'
Mibm7
Solbm6
Solb/Lab
Reb

HOTEL CALIFORNIA

Paroles et Musique de Don Henley, Glenn Frey, Don Felder

A
E
warm smell of co - li - tas ris - ing up through the air.
She got a lot of pret - ty, pret - ty boys that she calls friends.
La
Mi
G
D
Up a - head in the dis - tance, I saw a shim - mer - ing light.
How they dance in the court - yard; sweet sum - mer sweat.
Sol
Re
Em
F♯
My head grew heav - y and my sight grew dim; I had to stop for the night.
Some dance to re - mem - ber; some dance to for - get.
Mim
Fa♯
Bm
F♯
There she stood in the door - way; I heard the mis - sion bell.
So I called up the cap - tain: "Please bring me my wine." He said,
Sim
Fa♯

A
E
And I was think-ing to my-self: this could be heav-en or this could be hell.
"We have-n't had that spir-it here since nine-teen six-ty-nine."
La
Mi
G
D
Then she lit up a can-dle, and she showed me the way.
And still those voic-es are call-ing from far a-way;
Sol
Re
Em
F#
There were voic-es down the cor-ri-dor; I thought I heard them
wake you up in the mid-dle of the night just to hear them
Mim
Fa#
G
D
say: "Wel-come to the Ho-tel Cal-i-for-nia. Such a
say: "Wel-come to the Ho-tel Cal-i-for-nia Such a
Sol
Re

F#
Bm
love - ly place, (such a love - ly place) such a love - ly face.
love - ly place, (such a love - ly place) such a love - ly face. They
Fa#
Sim
G
D
Plen - ty of room at the Ho - tel Cal - i - for - nia. An - y
liv - in' it up at the Ho - tel Cal - i - for - nia. What a
Sol
Re
Em
1.
F#
time of year, (an - y time of year) you can find it here."
nice sur - prise; (what a nice sur - prise) bring your
Mim
Fa#
2.
F#
Bm
al - i - bis."
Mir - rors on the ceil - ing,
Last thing I re - mem - ber, I was
Fa#
Sim

F♯
A
the pink cham - pagne on ice, — and she said, "We are all just
run - ning — for the door. — I had to find the
Fa♯
La
E
G
pris - on - ers here — of your own — de - vice." And in the mas - ter's —
pas - sage back to the place I was — be - fore. "Re - lax," said the
Mi
Sol
D
Em
cham - bers, — they gath - ered for the feast. They stab it — with their
night man. — "We are pro - grammed to re - ceive. You can check out an - y
Re
Mim
F♯
D.C. and fade
1.
2.
steel - y knifes, — but they just can't — kill the beast.
time you like, — but you can — nev - er leave."
Fa♯

I'VE GOT YOU UNDER MY SKIN

Paroles et Musique de Cole Porter

Bb7
EbM7
E6
Abm6
Under My Skin.
I tried so
Sib7
Mib+7
Mib6
Labm6
not to give in,
I said to my-self, "This af-
fair never will go so well."
But why should I try to re-
Re
Rem7
D
Dm7
sist when, dar-ling, I know so well
I've Got You
C7
D#dim
C
Sol7
Re#dim
Do

B♭7
E♭M7
E6
Fm7/E♭
Under My Skin.
I'd sa-cri-fice an-y-thing,
Si♭7
Mi♭+7
Mi♭6
Fam7/Mi♭
B♭7/E♭
E♭M7
E♭7
Fm7/E♭
Come what might, for the sake of hav-ing you near, In spite of a warn-ing voice that
Si♭7/Mi♭
Mi♭+7
Mi♭7
Fam7/Mi♭
Fm7-5
E♭M7
Edim
B♭7
Cm
3fr.
comes in the night And re-peats and re-peats in my ear: "Don't you know, lit-tle fool,
Fam7-5
Mi♭+7
Mi dim
Si♭7
Dom
A♭
4fr.
B♭7
E♭
E♭dim
Fm7
you nev-er can win, Use your men-tal-i-ty,
La♭
Si♭7
Mi♭
Mi♭dim
Fam7

Bb7
Eb
Bb+
Ab
4fr.
Wake up to re - al - i - ty."
But each time I do, just the
Sib 7
Mib
Sib +5
Lab
Abm
3fr.
Eb
Bbm
C7
Fm
thought of you makes me stop, Be-fore I be - gin, 'Cause I've Got You
Labm
Mib
Sibm
Do7
Fam
1.
2.
Bb7-9
Eb
Fm7
Bb7
Un-der My Skin.
I've
Sib 7-9
Mib
Fam7
Sib 7
Eb
Bb7
Eb
Mib
Sib 7
R.H.
Mib
8vb

JOE LE TAXI

Paroles de Etienne Roda-Gil - Musique de Franck Langolff

Am D Em C Am D Em C
cœur, tous les p'tits bars, tous les coins noirs,
-don Vas-y Joe, vas-y Joe,
Lam Re Mim Do Lam Re Mim Do
Am D Em C Am D Em C
et la Seine, et ses ponts, qui bril-
vas-y Fonce, dans la nuit vers l'A-ma-
Lam Re Mim Do Lam Re Mim Do
Am D G C Am D G C
-lent. Dans sa caisse, la mu-sique à Joe,
-zone. Joe le ta-xi, et Xa-vier Cu-gat,
Lam Re Sol Do Lam Re Sol Do
Am D Em C Am D Em C
c'est la rum-ba, le vieux rock au mam-bo
Joe le ta-xi, et Y-ma Su-mac.
Lam Re Mim Do Lam Re Mim Do

Am D 1. G C D
Joe le ta - xi, c'est sa vie,
Lam Re Sol Do Re
G C D G C D
le rhum au mam - bo em - bou - teil - lage. Il est comme ça,
Sol Do Re Sol Do Re
G C D
rhum et mam - bo Joe, Joe, Joe.
Sol Do Re
2. D D7 Em C
Dans sa Joe, Joe, Joe.
Impr.
Re Re7 Mim Do

Am6 D D G C Am D
Joe le ta - xi, c'est sa vie,
Joe le Ta - xi,
reprise 4 fois
Lam6 Re Re Sol Do Lam Re
G C Am D Em C Am D
le rhum au mam - bo em-bou-teil - lage. Joe le ta - xi
et les ma - ria - chis.
Sol Do Lam Re Mim Do Lam Re
1. 2.
Em C Am D Am D Em C
et le cha-cha - chi. Vas - y Joe,
nuit vers l'A-ma -
Mim Do Lam Re Lam Re Mim Do
Am D Em C Am D
vas - y Fonce. Dans la
-zone. Joe le Ta - xi,
reprise ad lib. et finir en diminuant
Lam Re Mim Do Lam Re

JE L'AIME À MOURIR

Paroles et Musique de Francis Cabrel

B♭
C
F
Am7/E
al CODA
n'a qu'à ou-vrir l'es-pace de ses bras pour tout re - construire pour tout re - construire Je l'aime à
les tra-ver-sons cha-que fois qu'el - le ne peut pas dor - mir ne peut pas dor - mir Je l'aime à
chan - te sou-vent que j'ai tord d'es-sayer de les re - te - nir de les re - te - nir Je l'aime à
dois rien vou-loir je dois juste es - sayer de lui ap - par - tenir de lui ap-par-tenir Je l'aime à
Si♭
Do
Fa
Lam7/Mi
1.3.
2.4.
Dm
Dm
Dm7
mou-rir Elle a mou-rir Elle a dû
mou-rir Pour mon - mou-rir
Rem
Rem
Rem7
A
Dm
Dm7
C
F
faire tou-te les guer - res pour ê - tre si forte au-jour-d'hui elle a dû
La
Rem
Rem7
Do
Fa

A
Dm
Eb
faire tou - tes les guer - res
de la vie
et l'a -
La
Rem
Mib
F
- mour aus - si
El - le
Moi
Fa
Dm
rall.
Dm7
F
mou - rir
CODA
Rem
Rem7
Fa

L'AIGLE NOIR
(Dédié a Laurence)

Paroles et Musique de Barbara

C/E
Gm
3fr.
D/F♯
dé- ploy- ées
- ché ma joue
- ves d'en- fant
Len - te - ment je le vis tour- noy - er
Dans ma main il a glis - sé son cou
Comme a - vant sur un nu - a - ge blanc
Do/Mi
Solm
Re/Fa♯
B♭
F/A
E♭/G
Près de moi dans un bruis - se- ment d'ailes Com- me tom - bé du ciel L'oi- seau vint
C'est a - lors que je l'ai re - con - nu Sur- gis- sant du pas - sé Il m'é - tait
Comme a - vant al - lu - mer le so - leil Ê - tre fai - seur de pluie Et fai - re
Si♭
Fa/La
Mi♭/Sol
D
F
C/E
3e fois suivre
se po - ser
re - ve - nu.
des mer - veil - les. L'ai- gle noir dans un bruis - se- ment d'ailes
Re
Fa
Do/Mi

Gm 3fr D/F♯ C D/F♯
Prit son vol pour re- ga - gner le ciel
Qua- tre plu - mes cou- leur de la nuit
Un beau jour ou é- tait-ce u- ne nuit
Solm Re/Fa♯ Sol Re/Fa♯
Am E/G♯ 2fr. C
U - ne larme ou peut-être un ru - bis
Près d'un lac je m'é- tais en- dor- mie
J'a- vais froid il ne me
Quand sou- dain sem- blant cre -
Lam Mi/Sol♯ Do
G/B F/A E
res- tait rien L'oi seau m'a - vait lais- sée Seule a - vec mon cha - grin.
-ver le ciel Et ve- nant de nulle part Sur- git un ai - gle noir.
Sol/Si Fa/La Mi
A E A E
Un beau jour u - ne nuit Un beau jour u - ne nuit
(reprise ad lib. et finir en diminuant)
La Mi La Mi

L'AMOUR C'EST COMME UNE CIGARETTE

(Morning Train)

Paroles et Musique originales de Florrie Palmer - Adaptation française de Michel Mallory

Dm G Dm G Dm G
mo - ment babe is with me Time can take a flight. The mo - ment that he's with me Ev -
Rem Sol Rem Solm Rem Sol
Dm G Bb Am7 D
- 'ry thing's all right. Night time is the right time, We make love.
Rem Sol Sib Lam7 Re
Bb Am7 Dsus4 D D13 5fr G
That is his and my time. We take off. Oh, My ba - by
Sib Lam7 Re4 Re Re13 Sol
Em Am
takes the morn-ing train. He works from nine to five And then he takes an - oth - er home a - gain
Mim Lam

1.
2.
Am/D D7 D7 Dm7 G7
To find me wait - ing for him. wait - ing for him. He takes me to a mo- vie Or
Lam/Re Re7 Re7 Rem7 Sol7
Dm7 G7 Dm7 G7 Dm7 G7 B♭ Am7
to a res- tau- rant, To go slow danc- ing, An- y- thing I want. On - ly when he's with me,
Rem7 Sol7 Rem7 Sol7 Rem7 Sol7 Si♭ Lam7
D B♭ Am7 D11 D13 5fr.
I catch a light. On - ly what he gives me Makes me feel all right.
Re Si♭ Lam7 Re11 Re13
G Em Am
My ba- by takes the morn- ing train. He works from nine to five And then he takes an -
Sol Mim Lam

Am/D D7 B11 B7
-oth - er home a - gain To find me wait - ing for him. All day I think of him,
Lam/Re Re7 Si11 Si7
E F♯m B B11 B7
Dream - ing of him con - stant - ly I'm cra - zy mad for him And he's
Mi Fa♯m Si Si11 Si7
B Bm7 E7 AM7 DM7
cra - zy mad for me. When he steps off that train A -
Mi Sim7 Mi7 La+7 Re+7
CM7 CM7 G Am Em G C6 Em
- maz-ing-ly full of flight Work all day To earn this pay So
Sol+7 Do+7 Sol Lam Mim Sol Do6 Mim

C C Em Dsus4 D G
we can play all night My ba-by
Sol Do Mim Re4 Re Sol
Em Am
takes the morn-ing train. He works from nine to five And then he takes an-oth-er home a-gain.
Mim Lam
Am/D D7 A F♯m
To find me wait-ing for him. He's al-ways on that morn-ing train. He works from
Lam/Re Re7 La Fa♯m
Bm Bm/E E7
Repeate and fade
nine to five And then he takes an-oth-er home a-gain To find me wait-ing for him.
Sim Sim/Mi Mi7

L'AMOUR C'EST COMME UNE CIGARETTE

(Morning Train)

Adaptation française de: Michel Mallory

Paroles et Musique originales de: Florrie Palmer

Quand tu es dans la lune
Les idées en panne
Je me voudrais brune comme une gitaine
Me glisser entre tes doigts
Et puis me brûler
Me consumer pour toi
N'être que fumée

Quand tu es dans ce monde
Où tes rèves t'entraînent
Je me voudrais blonde comme une américaine
Etre douce et sage
Tout sucrer
T'emmener sur mon nuage de fumée

REFRAIN:
1. - L'amour c'est comme une cigarette
Ça brûle et ça monte à la tête
Quand on ne peut plus s'en passer
Tout ça s'envole en fumée

2. - L'amour c'est comme une cigarette
Ça flambe comme une allumette
Ça pique les yeux ça fait pleurer
Et ça s'envole en fumée

Je peux être française en robe bleue
Anglaise, si tu le veux
Ou être à la menthe, en bagues dorées
Ne crois pas que je mente
Tout n'est que fumée
(au Refrain. -2.)

On fait tout un tabac
Quand l'amour s'en vient ou s'en va
On a des cigarettes qui roulent
Quand il a envie
Et je deviens fumée pour t'intoxiquer
De moi

Blonde ou brune
Brune ou blonde
Je le serais pour toi

Refrain. 1
Refrain. 2 (bis)

L'ENCRE DE TES YEUX

Paroles et Musique de Francis Cabrel

E
B
C♯m
4fr.
Mê - me la mo - ra - le par - le pour eux
On rê - vait de Ve - nise et de li - ber - té
Mi
Si
Do♯m
A
E
J'ai - me - rais quand mê - me te dire Tout ce que j'ai pu é - crire
J'ai - me - rais quand mê - me te dire Tout ce que j'ai pu é - crire
La
Mi
B
A
Je l'ai pui - sé à l'en - cre de tes yeux
C'est ton sou - rire qui me l'a dic - té
Si
La
Mi
Mi4
1.3.
2.
E
F♯m4
E
F♯m4
E
B
Tou
Mi
Fa♯m4
Mi
Fa♯m4
Mi
Si

C♯m
A
E
B
tou
Tou
Do♯m
La
Mi
Si
E
B
C♯m
A
tou
tou
Tou
Mi
Si
Do♯m
La
E
B
A
Tou
Tou
Mi
Si
La
4.
E
Esus4
E
F♯m4
E
F♯m4
E
Mi
Mi4
Mi
Fa♯m4
Mi
Fa♯m4
Mi

LA MADRAGUE

Paroles de Jean-Max Riviere - Musique de Gérard Bourgeois

Dm7 G7 3e fois al CODA CM7 C6 Dm7 G7 CM7 C6
Qui de - puis s'en est al - lé
Qu'il va le plus me man - quer
De la plage en - so - leil -
On a ran - gé les va - cances
Le so - leil, mon vieux co - pain
Rem7 Sol7 Do+7 Do6 Rem7 Sol7 Do+7 Do6
Dm7 G7 CM7 C6 Dm7 G7
Dans des va - lises en car - ton
Ne me brul' ra que de loin
Et c'est tris - te quand on
Cro - yant que nous sommes en -
Rem7 Sol7 Do+7 Do6 Rem7 Sol7
C6 Am Dm7 G7 CM7 C6
pense A la sai - son
- semble un peu fâ - chés
du so - leil et des chan - sons
D'ê - tre tous deux sé - pa - rés
Do6 Lam Rem7 Sol7 Do+7 Do6

Gm7 Gdim FM7 F6 Gm7 Gdim
Pour- tant je sais bien l'an- née pro- chai - ne Tout re- fleu- ri- ra, nous re- vien -
Le train m'em- mé- ne- ra vers l'au- tom - ne Re- trou- ver la vil- le sous la
Solm7 Sol dim Fa+7 Fa6 Solm7 Sol dim
FM7 F6 Am7 Adim CM7 Gdim
- drons Mais en at- ten- dant je suis en pei - ne
pluie Mon cha- grin ne se- ra pour per- son - ne
Fa+7 Fa6 Lam7 La dim Sol+7 Sol dim
Am7 Adim Dm4/7 G7 CM7 C6
De quit- ter la mer et ma mai- son
Je le gar- de- rai comme un a- mi
lée
Lam7 La dim Rem4/7 Sol7
CODA
Do+7 Do6
Dm7 G7 CM7 C6 Dm7 G7 CM7 C6
De la plage en- so- leil- lée De la plage en- so- leil- lée
Reprise ad lib.
Rem7 Sol7 Do+7 Do6 Rem7 Sol7 Do+7 Do6

LE COUP D'SOLEIL

Paroles et Musique de Jean-Paul Dreau - Arrangement: Michel Bernholc

Gm
3fr.
Gm/F
C/E
C
nue sur du sa - tin Moi j'en dors plus, viens m'voir de - main.
-ver, j'vou- drais qu'tu viennes Me faire vo - ler, me faire je t'aime. Mais tu n'es
beau, on peut ra - mer La mer est calme, on peut s'ti - rer.
Solm
Solm/Fa
Do/Mi
Do
F
D7/F♯
Gm
3fr.
pas là, et si j'rê-ve tant pis Quand tu t'en vas j'dors plus la nuit
Fa
Re7/Fa♯
Solm
C
F
D7/F♯
Mais tu n'es pas là, et tu sais j'ai en - vie d'al - ler là -
Do
Fa
Re7/Fa♯
Gm
3fr.
Csus4
1.2.
C
Dm11
C/E
3.
C
Dm11
C/E
D.S. ad lib.
-bas La f'nêtre en face et vi-si-ter ton pa-ra - dis. J'mets tes pho - - dis Mais tu n'es
(3) Ça y'est, c'est
Solm
Do4
Do Do4/Re Do/Mi
Do Do4/Re Do/Mi

LE CHANTEUR

Paroles et Musique de Daniel Balavoine

D
Dsus4 D
gagner de l'argent
une chanson dans l'vent
Pis surtout être intelligent
Un air gai chic et entraînant
Re
Re4 Re
Rem
Dsus4 D
A
Am6/C
Mais pour tout ça Il faudrait que j'bosse à plein temps
Pour faire danser Dans les soirées De Monsieur Durand
Re4 Rem
La
Lam6/Do
1.
2.3.
D
Esus4
E
Et partout dans la rue
Re
Mi4
Mi

D
F♯m
D
D7/C
J'veux qu'on par - le de moi Que les fil - les soient nues Qu'elles se jet - tent sur moi
De - ve - nir une i - dole J'veux que tou - tes les nuits Es - sou - flées dans leurs lits
Re
Fa♯m
Re
Re7/Do
F♯m/C♯
Cdim
Qu'elles m'ad - mirent, qu'elles me tuent Qu'elles s'ar - rachent ma ver -
Elles trom - pent leurs ma - ris Dans leurs rê - ves mau -
Fa♯m/Do♯
Do dim
F♯m/C♯
1.3.4.5.6.7. et orch ad lib.
C♯
4fr
2.
C♯
4fr.
- tu Pour les an - ciennes de l'é - cole
- dits
Fa♯m/Do♯
Do♯
Do♯
A
Asus4
A
Asus4
La
La4
La
La4

LE LAC MAJEUR
(The Western Shore)

Paroles françaises et anglaises de Etienne Roda-Gil - Musique de Mort Shuman

Ab
Eb7
Ab
- lien
S'est ha - bil - lé de paille pour rien...
- lien
Cou - le beau - coup et pour rien...
Lab
Mib7
Lab
Eb7
Db
Eb7
Ab
Des en - fants crient de bon - heur
Et ils ré - pan - dent la ter -
Il nei - ge sur le lac Ma - jeur
Les oi - seaux - Lyre sont en
Mib7
Reb
Mib7
Lab
Eb7
Db
Eb7
Db
Ab
- reur
En glis - sades et bom - bar - de - ments
pleurs
J'en - tends comme un mo - teur
Mib7
Reb
Mib7
Reb
Lab
Eb7
Ab
Ab7
Db
C'est de leur âge et de leur temps
J'ai tout ou - bli - é du bon -
C'est le ba - teau de cinq heures
J'ai tout ou - bli - é du bon -
Mib7
Lab
Lab7
Reb

Ab6
Eb7
Ab Eb7 Ab7
4fr.
6fr.
- heur
Il nei-ge sur le lac Ma - jeur
Lab 6
Mib 7
Lab Mib 7 Lab 7
Db
Ab
Eb7
J'ai tout ou-bli-é du bon - heur
Il nei-ge sur le lac Ma -
Reb
Lab
Mib 7
Ab Db Ab7
Db
Ab
- jeur
Lab Reb Lab 7
Reb
Lab
1.
2.
Eb7
Ab
rall.
Mib 7
Lab
Mib 7
Lab

LE TOURBILLON

Paroles et Musique de Bassiak (Cyrius Rezvani)

Elle a - vait des yeux des yeux d'o - pale Qui m'fas - ci - naient, qui
Cha cun pour soi soi est re - par - ti Dans l'tour - bil - lon d'la
Je m'suis saoû - le en l'é - cou - tant L'al - cool fait ou - bli -
Cha - cun pour soi soi est re - par - ti Dans l'tour - bil - lon d'la
F7
B♭
Cm
m'fas - ci - naient Y'a - vait l'o - vale de son vi - sage De femme fa -
vie Je l'ai r'vue un soir, aïe, aïe, aïe. Ça fait dé -
- er le temps Ja m'suis ré - veil - lé en sen - tant Des bai - sers
vie Je l'ai r'vue un soir. Ah! la la Elle est re -
Fa7
Sib
Dom
F7
B♭
Cm
F7
B♭
1.2.3.
- tale qui m'fut fa - tale De femme fa - tale qui m'fut fa - tale
- ja un fa - meux bail Ça fait dé - ja un fa - meux bail Au
sur mon front brû - lant Des bai - sers sur mon front brû - lant
- tom - bée dans mes bras Elle est re - tom - bée dans mes
Fa7
Sib
Dom
Fa7
Sib

4.
F♯7 B C♯m 4fr.
bras Quand on s'est con - nu, quand on s'est re - con - nu Pour - quoi s'per - dre de
Fa♯7 Si Do♯m
F♯7 C♯m 4fr. F♯7 B
vue se re - per - dre de vue Quand on s'est re - trou - vé, quand on s'est ré - chauf -
Fa♯7 Do♯m Fa♯7 Si
F♯7 B
- fé Pour - quoi se sé - pa - rer? Et tous deux on est
Fa♯7 Si

C♯m
F♯7
B
re - par - ti Dans l'tour - bil - lon d'la vie On a con -
Do♯m
Fa♯7
Si
G♯m
B
C♯m
F♯7
B
- ti - nue à tour - ner Tous les deux en - la - cés
Sol♯m
Si
Do♯m
Fa♯7
Si
C♯m
F♯7
B
Tous les deux en - la - cés
Do♯m
Fa♯7
Si

LES DIVORCÉS

Paroles de Michel Delpech, Jean-Michel Rivat - Musique de Roland Vincent

Dm7/G G7 Dm7 G7
Il faut quand même se re-tour - ner Ça me fait drôle de di- vor - cer
Ces jours - là pour l'a-près mi - di j'ai t'en- le - ve- rai Sté-pha - nie
Rem7/Sol Sol7 Rem7 Sol7
Dm7 G7 C C6
mais ça fait rien je vais m'y fai - re
j'ai toujours é - té son i - do - le
Rem7 Sol7 Do Do6
CM7 C6 C C6
Si tu vo- yais mon a - vo - cat ce qu'il veut me faire dire de toi
Si tu manquais de quoi qu'ce soit tu peux toujours comp - ter sur moi.
Do+7 Do6 Do Do6

CM7
C6
Dm7
G7
Il ne te trou - ve pas d'ex - cu - se
En at - ten - dant que tu tra - vail - les
Do+7
Do6
Rem7
Sol7
Dm7/G
G7
Dm7
Dm7/G
Les jo - lie cho - ses de ma vie il fal - lait que je les ou - blie
Je sais que tu peux t'en sor - tir tu vas me fai - re le plai - sir
Rem7/Sol
Sol7
Rem7
Rem7/Sol
1.
2.3.4.
G7
C
C6
C
C6
Il a fal - lu que je t'ac - cu - se
De te je - ter dans la ba - tail - le
Sol7
Do
Do6
Do
Do6

Refrain
CM7 C6 Dm7 G7 Dm7 G7
Si c'est fi - chu en - tre nous
Do+7 Do6 Rem7 Sol7 Rem7 Sol7
C C6 CM7 C6 Dm7 Dm7/G
La vie con - ti - nue
Do Do6 Do+7 Do6 Rem7 Rem7/Sol
Reprendre 1/2 ton plus haut
à chaque reprise
G7 al CODA C C6 Dm7 G7
Mal - gré tout
Sol7 Do Do6 Rem7 Sol7
C F/C C
CODA
Do Fa/Do Do

LES BALS POPULAIRES

Paroles de Michel Sardou, Vline Buggy - Musique de Jacques Revaux

A♭
Ra-quels du sam' di Du bleu sur les pau-piè-res Tour-nent, tour-nent, tour-nent aus-
chante un peu c'qu'on veut Moins on fait de ma-nières Et plus ça tour-ne, tour-ne
le bar-man s'en dort Même a-près la der-nière Ça tour-ne, tour-ne, tour-ne en-
La♭
B♭ F E♭
-si
mieux Mais là-bas, près du comp-toir en bois Nous on n'danse
-core
Si♭ Fa Mi♭
B♭ F Fsus9 F7
Refrain
B♭
pas, On est là pour boire un coup On est là pour faire les fous Et pour se
Si♭ Fa Fa4/9 Fa7 Si♭
Cm Cm7 Fsus9 F7 B♭
re-boire un coup Et pas pa-yer nos ver-res Pour boire un coup Et j'di-rais
Dom Dom7 Fa4/9 Fa7 Si♭

Cm7 F7 B♭
même un bon coup Et ri-go-ler en-tre nous Sur des airs po-pu-lai-res Sur des airs
Dom7 Fa7 Si♭
3. al CODA 1. 2.
Cm Fsus9 F7 B♭ F7 B♭ F7
po-pu-lai-res Dans-res Dans
Dom Fa4/9 Fa7 Si♭ Fa7 Si♭ Fa7
CODA
B♭ F Fsus9 F7 B♭
-res On est là pour boire un coup On est là
Si♭ Fa Fa4/9 Fa7 Si♭
Cm Cm7 Fsus9 F7
pour faire les fous Et pour se re-boire un coup Et pas pa-yer nos ver-res
Reprise ad lib.
Dom Dom7 Fa4/9 Fa7

LES NAUFRAGÉS VOLONTAIRES

Paroles de Kent Cockenstock - Musique de François Breant

Am
1. Bbm
2.3. Bbm
B GM7
Y'a rien à faire
Lam
Sib m
Sib m
Sol+7
GmM7
Dadd9
Pour les nau - fra - gés vo - lon - taires
Che - vau - chant
Solm+7
Re2
D
C#7
Em7
u - ne vagu' im - pe - rieu - se
Qui les berce
Re
Do#7
Mim7
A7
Em7
A7
D
D+
Et les mèn' aux îles mys - té - rieuses
La7
Mim7
La7
Re
Re+5

D6 D+ Bm7 Em7 Em6
Sans mêm' un ca-not
Re6 Re+5 Sim7 Mim7 Mim6
F♯+ F♯7 Bsus4 Bm/G♯ Bm/A Bm/A♯ Bm/C♯ Bm
Sans mêm' un ra-deau Sans quit-ter la terre
Fa♯+5 Fa♯7 Si4 Sim/Sol♯ Sim/La Sim/La♯ Sim/Do♯ Sim
E9 E7 Em6/G B♭M7 C6 D6/9
Vogu'nt au loin Les nau-fra-gés vo-lon-taires
Mi9 Mi7 Mim6/Sol Si♭+7 Do6 Re6/9
1. D6/9/+11 E♭M7 Em9 D6/9 D6/9/+11
Re6/9/+11 Mi♭+7 Mim9 Re6/9 Re6/9/+11
2. D6/9/+11 3. D6/9/+11 B♭M7/F FM9 D6/9/+11
Vogu'nt au loin Les nau-fra-gés so-li-taires
Re6/9/+11 Re6/9/+11 Si♭+7/Fa Fa+7/9 Re6/9/+11

LES VACANCES AU BORD DE LA MER

Paroles de Pierre Grosz - Musique de Michel Jonasz - Arrangement de Gabriel Yared

BbM7 A7 AbM7 4fr.
il fal-lait faire at-ten-tion Quand on a-vait pa-yé le prix d'une
Sib+7 La7 Lab+7
G7 Cm7 3fr. F7 3fr.
lo-ca-tion Il ne nous res-tait pas grand
Sol7 Dom7 Fa7
A tempo
Bb13 rit. Fm7 Bb4/7 Bb7
chose A-lors on re-gar-dait les ba-teaux On su-
Sib 13 Fam7 Sib 4/9 Sib 7
EbM7 DbM7 4fr. C 3fr.
-çait des glaces à l'eau Les pa-laces, les res-tau-rants on n'fai-
Mib+7 Reb+7 Do

Fm7 Bb♭sus7 Bb7 Fm7 Bb4/9 Bb7
-sait que pas-ser d'vant Et on re-gar-dait les ba-teaux Le ma-
Fam7 Sib4/7 Sib7 Fam7 Sib4/9 Sib7
EbM7 DbM7 Csus4 C
-tin on s'ré-veil-lait tôt Sur la plage pen-dant des heures on pre-
Mib+7 Reb+7 Do4 Do
Em7 A7 D13
-nait de belles cou-leurs
Mim7 La7 Re13
CODA
E7 Em7-5 Cm7 F9 Bb13
rit.
îles sauf quand on pou-vait dé-jà plus A-
Mi7 Mi7-5 Dom7 Fa9 Sib13

A tempo
Fm7
Bb4/9
Bb7
EbM7
- lors on re- gar- dait les ba- teaux On su - çait des glaces à l'eau On a -
Fam7
Sib4/9
Sib7
Mib+7
DbM7
Csus4
C
CbM7
Bb
A tempo
Fm7
Bbsus7
Bb7
rit.
- vait l'cœur un peu gros Mais c'é- tait quand même beau
Orchestre . . . . . .
re- gar- dait les ba- teaux la la
Reb+7
Do4/7
Do
Dob+7
Sib
Fam7
Sib4/7
Sib
EbM7
Eb6
DbM7
Csus4
C
Fm
Bbsus7
Bb7
la la la la la la la la la la la la la la la la la la la la . . . . On
Et on
Mib+7
Mib6
Reb+7
Do4
Do
Fam
Sib4/7
Sib7

MISTRAL GAGNANT

Paroles et Musique de Renaud Séchan

D
Bm
doigts Pi don-ner à bouf- fer à des pi-geons i-diots leur fi-ler des coups d'pied pour de
peu Et sau-ter dans les flaques pour la fai - re râ- ler Bou-sil-ler nos go-dasses et s'mar -
Re
Sim
Em
A
faux Et en-ten-dre ton rire qui lé-zar-de les murs qui sait sur-tout gué-rir mes bles -
- rer Et en-ten-dre ton rire comme on en-tend la mer s'ar-rê-ter, re-par-tir en ar -
Mim
La
D
G
F♯
Bm
- sures Te ra-con-ter un peu com-ment j'e-tais, mi - no les bom-becs fa bu-leux
- rière Te ra-con-ter sur-tout les ca-ram-bars d'an - tan et les co-co-bo-ërs
Re
Sol
Fa♯
Sim

G
F♯
Bm
qu'on pi-quait chez l'mar-chand car en sac et Mi - tho ca-ra-mels à un franc
et les vrais rou - dou - dous qui nous cou-paient les lèvres et nous ni - quaient les dents
Sol
Fa♯
Sim
A
1.
G
2.
G
et les Mis-tral ga - gnants
gnants
La
Sol
Sol
3.
G
F♯
Bm
Em
F♯
Bm
gnants et les Mis-tral ga-gnants
Sol
Fa♯
Sim
Mim
Fa♯
Sim

MON FILS, MA BATAILLE

Paroles et Musique de Daniel Balavoine

Gm
3fr.
F
Si j'a - vais su qu'un ma - tin Je se - rais là, sa - li ju -
S'ils sa - vaient que pour toi a - vant de tous les chan - teurs
Tout ce qu'elle peut dire sur moi n'est rien à cô - té du sou - rire
Solm
Fa
Eb
Bb
Gm
3fr.
- gé sur un banc par l'om - bre d'un corps Que j'ai ser -
j'e - tais le plus grand Et que c'est pour ça Que tu vou -
qu'il me tend l'ab - sence L'ab - sence a des torts Que rien
Mib
Sib
Solm
F
Eb
Bb
- ré si sou - vent Pour un en - fant
- lais un en - fant De - ve - nu grand
ne dé - fend C'est mon en - fant
Fa
Mib
Sib

1.
2.3.
Eb Bb Eb F Eb F
Oh oh oh
oh oh oh
Mib Sib Mib Fa Mib Fa
Bb Dm Eb
Les juges et les lois
Sib Rem Mib
Ebm7/Ab Ab7 4fr. Db 4fr.
ça m'fait pas peur C'est mon fils ma bataille Fal-lait pas-
si vous tou-chez Au fruit de mes en-trailles Fal-lait pas
Mibm7/Lab Lab7 Reb
1.3. et ad lib.
2.
Cm7 3fr. F7 3fr. Dm7 Cm7 3fr. F7 3fr.
-qu'elle s'en aille Oh oh oh Je vais tout cas-ser qu'elle s'en aille Bien
Dom7 Fa7 Rem7 Dom7 Fa7

MY HEART WILL GO ON

(Love Theme from "Titanic")

Paroles de Will Jennings - Musique de James Horner

E B/F♯ A/E E B
Far a-cross the dis-tance and spac-es be-tween us
Mi Si/Fa♯ La/Mi Mi Si
E B/F♯ A G♯m 4fr.
you have come to show you go on.
Mi Si/Fa♯ La Sol♯m
C♯m 4fr. B A B
Near, far, wher-ev-er you are, I be-
Do♯m Si La Si
C♯m 4fr. B A G♯m 4fr. F♯m
-lieve that the heart does go on.
Do♯m Si La Sol♯m Fa♯m

C♯m
B
A
B
Once more, you o - pen the door and you're
Do♯m
Si
La
Si
here in my heart, and my heart will go on and
E
B/F♯
A/E
on. Love can touch us one time and last for a
Mi
Si/Fa♯
La/Mi
E
B
life - time, and nev - er let go till we're gone.
Mi
Si
Si/Fa♯
La
4fr.

E
B/F♯
A/E
Love was when I loved you, one true time I
Mi
Si/Fa♯
La/Mi
E
B
E
B/F♯
A
hold to. In my life we'll al - ways go on.
Mi
Si
Mi
Si/Fa♯
La
G♯m
4fr.
C♯m
4fr.
B
A
Near, far, wher - ev - - - er you
Sol♯m
Do♯m
Si
La
B
C♯m
4fr.
B
A
are, I be - lieve that the heart does go on.
Si
Do♯m
Si
La

G♯m F♯m C♯m B A
4fr.
Once more, you o - pen the door.
Sol♯m Fa♯m Do♯m Si La
B C♯m B A
and you're here in my heart, and my heart will go
Si Do♯m Si La
B C♯m B A
on and on.
Si Do♯m Si La
B C♯m B A
Si Do♯m Si La

Slightly slower
G♯5 F♯5 Fm E♭ D♭ 4fr.
You're here, there's no - thing I
Sol♯5 Fa♯5 Fam Mi♭ Re♭
E♭ Fm E♭ D♭ 4fr.
fear, and I know that my heart will go on.
Mi♭ Fam Mi♭ Re♭
Cm 3fr. B♭m Fm E♭ D♭ 4fr.
We'll stay for - ev - - - er this
Dom Si♭m Fam Mi♭ Re♭
E♭ Fm E♭ D♭ 4fr.
way. You are safe in my heart, and my heart will go
Mi♭ Fam Mi♭ Re♭

E♭
Fm
E♭
D♭
4fr.
on and on.
Mi♭
Fam
Mi♭
Re♭
Fm
E♭
D♭
4fr.
Fm
Fam
Mi♭
Re♭
Fam
E♭
D♭
4fr.
A♭
4fr.
Mi♭
Re♭
La♭
E♭/B♭
D♭/A♭
4fr.
A♭M7
4fr.
A♭
4fr.
Oh.
Mi♭/Si♭
Re♭/La♭
La♭+7
La♭
E♭/B♭
D♭/A♭
4fr.
A♭
4fr.
rit.
Oh.
Mi♭/Si♭
Re♭/La♭
La♭

QUAND J'ETAIS CHANTEUR

Paroles de Michel Delpech, Jean-Michel Rivat - Musique de Roland Vincent

1.
Bbm7
Bbm7/Eb
Ab
Db/Eb
Ab
4fr.
jam - be
bê - te
Quand j'é - tais chan - teur
Quand j'é - tais chan -
J'a - vais des boots
Sibm7
Sibm7/Mib
Lab
Reb/Mib
Lab
2.
Ab
E7
A
- teur
Un soir à Saint
Geor - ges
j'fai - sais la ker -
Lab
Mi7
La
C#m7
F#m7
- messe
ma femme at - ten - dait
plan - quée
dans la Mer - cé -
Do#m
Fa#m7
Bm7
E
F#m
DM7
- dès
Elle s'est fait j'ter dans
l'In - dre
par tout mon fan
Sim7
Mi
Fa#m
Re+7

C♯m7
4fr.
F♯m7
Bm7
Bm7/E
club
J'a- vais un' vie d'din - gue
Quand j'é- tais chan -
Do♯m7
Fa♯m7
Sim7
Sim7/Mi
A
F7
B♭
- teur
Les gens d'la po - li - ce
me re- con- nais -
La
Fa7
Si♭
Dm7
Gm7
- saient
mes ex- cès d'vi - tes - se
j'les pay- ais ja -
Rem7
Solm7
Cm7
3fr.
F
Gm
3fr.
E♭M7
- mais
Tou- tes mes his - toi - res
s'ar- ran- geaient sur
Dom7
Fa
Solm
Mi♭+7

Dm7
Gm7
Cm7
3fr.
Cm7/F
l'heure
On m'par-don-nait
tous
mes é-carts
Quand j'e-tais
chan-
Rem7
Solm7
Dom7
Dom7/Fa
B♭
F♯7
B
-teur
Ma pau-vre Cé
-
ci-le
j'ai soix-ant' treize
Si♭
Fa♯7
Si
D♯m7
G♯m7
4fr.
ans
J'ai ap-pris que
Mick
Jag-ger
est mort der-nièr'-
Re♯m7
Sol♯m7
C♯m7
4fr.
F♯
G♯m
4fr.
EM7
-ment
J'ai fê-té les
a-dieux
de Syl-vie Var-
Do♯m7
Fa♯
Sol♯m
Mi+7

D♯m7
G♯m7
4fr.
EM7
-tan
Pour moi y'a long - temps
qu'c'est fi - ni
Re♯m7
Sol♯m7
Mi+7
Fdim
B/F♯
G♯m7
4fr.
j'com-prend plus grand chose
au - jour - d'hui
Mais j'en - tends quand
Fa dim
Si/Fa♯
Sol♯m7
C♯m9
D♯m7
EM7
C♯m7/F♯
4fr.
1.
B
même des choses que j'aime et ça dis - trait ma vie
Do♯m9
Re♯m7
Mi+7
Do♯m7/Fa♯
Si
F♯m7/B
B
2.
E
B
Pour moi y'a long
vie
Fa♯m7/Si
Si
Mi
Si

NOS FIANÇAILLES

Paroles de Nilda Fernandez - Musique de Nilda Fernandez, Jean-Manuel Fernandez

C F Dm7 C
Une ci - ca - trice pour que l'on puisse y voir
Une fri - an - dise pour qu'on at - tise le feu
Do Fa Rem7 Do
Am7 B♭M7 C6 F
3éme fois al CODA
Où que l'on ail - le nos fi - an - çail - les
Lam7 Si♭+7 Do6 Fa
1. 2.
F Dm7
Fuer - te, fuer - te y con la muer - te
Fa Rem7
Am7 C F Dm7
Voy a ha - cer - te u - na can - cion Den - tro, den - tro y con el vien - to me
Lam7 Do Fa Rem7

C
Am7
B♭M7
C6
a-tor-men - to sin ra-zon
Où que l'on ail-le nos fi-an-çail-les
Do
Lam7
Si♭+7
Do6
F
Dm7
B♭M7
C
Fa
Rem7
Si♭+7
Do
F
Dm7
Am7
C
Lourds sont nos pro-messes et nos liens
Tacet
Fa
Rem7
Lam7
Do
F
Dm7
Am7
C
Courts sont les ki-lo-mètres en train
Fa
Rem7
Lam7
Do

B♭6/C
Gm
3fr.
C6
3
1.
F
Sourds
ses mots d'a- mour et les
miens
Si♭6/Do
Solm
Do6
Fa
2.
F
F/E♭
Dm7
D♭+
F
miens
Fa
Fa/Mi♭
Rem7
Re♭+5
Fa
CODA
F
D♭dim/F
1.2.
F
3.
F
(Parlé)
Fa
Re♭dim/Fa
Fa
Fa

PETITE MARIE

Paroles et Musique de Francis Cabrel

F♯ Bm F♯sus4 Bm
ma vie Des mil- liers de roses Pe- ti- te
-la- de Que j'a- vais é- crite pour toi Pe- ti- te
Fa♯ Sim Fa♯4 Sim
Em7 A7 Bm
fu- rie, je me bats pour— toi Pour— que dans dix mille ans de ça— On se re- trouve à
fu- rie, tu dis que la— vie C'est— u- ne bague à cha- que doigt—Au so- leil de Flo-
Mim7 La7 Sim
Em F♯
l'a- bri, sous un ciel— aus- si jo- li Que des mil- liers de
-ri- de, mais mes po- ches sont vides— Et mes yeux pleu- rent
Mim Fa♯
Bm F♯sus4 Bm G A
roses. Je viens du ciel— et les é- toiles entre elles— Ne par- lent que de toi—
de froid.
Sim Fa♯4 Sim Sol La

Bm F♯sus4 Bm F♯sus4 G A
D'un mu-si-cien qui fait jou-er ses mains Sur un mor-ceau de bois
Sim Fa♯4 Sim Fa♯4 Sol La
F♯m7 G A
3e fois al CODA
De leur a-mour plus bleu que le ciel au-tour.
Fa♯m7 Sol La
Bm F♯7 3fr.
1. D Em
2. D Em
Pe-ti-te
Dans la
Sim Fa♯7 Re Mim Re Mim
Bm F♯ D Em
pé-nom-bre de ta rue Pe-ti-te Ma-rie, m'en-tends-tu? Je n'at-tends
Sim Fa♯ Re Mim

1.
G
D
A
plus que toi pour par-tir
Dans la
Sol
Re
La
2.
G
D
A
plus que toi pour par-tir
Je viens du ciel
Sol
Re
La
CODA
Bm
F#7
3fr.
D
Em
A7
Bm
rit.
Sim
Fa#7
Re
Mim
La7
Sim

ROSES DE PICARDIE
(Dansons la rose)

Paroles et Musique originales de Haydn Wood, Fred E. Weatherly - Adaptation Française de Pierre d'Amor

Eb7 C7 Bbm7 Eb7 Ab6 3fr.
— Dire que cet air Nous sem - blait vieil - lot Au - jour -
Mib7 Do7 Sibm7 Mib7 Lab6
Bbm7 Eb7 Ab 4fr. C7 F
- d'hui il me sem - ble nou - veau Et puis sur -
Sibm7 Mib7 Lab Do7 Fa
F7 Bbm BbmM7 Bbm7 Bbm6 Fm Bb9
- tout C'é - tait "toi" et "moi" Ces deux mots ne vieil - lis - sent
Fa7 Sibm Sibm+7 Sibm7 Sibm6 Fam Sib9
Ebsus9 Eb7 Bbm7 Eb7
pas Sou - viens toi Ça par - lait de la
Mib4/9 Mib7 Sibm7 Mib7

A♭6 3fr.
B♭m7
E♭7
A♭ 4fr.
Pi-car-die Et des ro - ses qu'on trou - ve là - bas
La♭6
Si♭m7
Mi♭7
La♭
C7/G
F
Fsus9
F7
B♭9
Tous les deux a-mou-reux Nous a - vons dan - sé sur les
Do7/Sol
Fa
Mi♭/Fa Fa7
Si♭9
B♭m7
E♭sus9
E♭7
A♭ 4fr.
2e fois al CODA
B♭m7
ro - ses de ce temps là
Si♭m7
Mi♭4/9 Mi♭7
La♭
Si♭m7

Eb7
Ab6
3fr.
Bbm7
Eb7
Mib 7
Lab 6
Sibm7
Mib 7
Ab
4fr.
C 7/G
Gb7-5
F
F7
Bbm
BbmM7
Lab
Do7/Sol
Solb 7–5
Fa
Fa7
Sibm
Sibm+7
Bbm7
Bbm6
Fm
Bb9
Ebsus9
Eb7
Sou- viens
Sibm7
Sibm6
Fam
Sib9
Mib 4/9
Mib 7
Ab
4fr.
CODA
Lab

SACRIFICE

Paroles et Musique de Elton John, Bernie Taupin

Ebm7
Ab
4fr.
Bbm
Gb
in - to the boun - dary
of each mar - ried mind
We lose dir - ec - tion
No stone un - turned
Mibm7
Lab
Sibm
Solb
Ab
4fr.
Bbm
Sweet de - ceit comes a call - in'
No tears to damn you
Lab
Sibm
Gb
Ab
4fr.
Db
4fr.
and neg - a - ti - vi - ty lands
When jea - lou - sy burns
cold cold heart
Solb
Lab
Reb
Gb
Ebm7
Ab
4fr.
Db
4fr.
hard done by you
some things look bet - ter ba - by
Solb
Mibm7
Lab
Reb

G♭
A♭ 4fr.
D♭ 4fr.
just pass - ing through
And it's no sa - cri - fice
Sol♭
La♭
Re♭
G♭
A♭ 4fr.
Just a sim - ple word
It's two hearts liv - ing
Sol♭
La♭
D♭ 4fr.
in two sep - ar - ate worlds
But it's no sa - cri - fice
Re♭
E♭m7
Fm7 3fr
no sa - cri - fice
It's no sa - cri - fice
Mi♭m7
Fam7

Gb Ab7 3rd time to CODA Db 4fr. Fm7 3fr. Gbadd9
1.
at all
Solb Lab7 Reb Fam7 Solb2
2.
Db 4fr. Gb Ebm7 Ab 4fr.
Reb Solb Mibm7 Lab
Db 4fr. Gb Ebm7 Ab 4fr.
D.S. al CODA
cold cold heart
Reb Solb Mibm7 Lab
CODA
Db 4fr. Gb Ebm7 Ab 4fr.
no sa - cri - fice at all
Reb Solb Mibm7 Lab

SENZA UNA DONNA
(Without a Woman)

Paroles originales: Zucchero - Paroles anglaises: Frank Musker - Musique de Zucchero

A/E
F♯m/E
Bm
Bm/A
E7/G♯
2fr.
D/F♯
you been with him and now you come back my la - dy
you got to dig a lit - tle deep - er La - dy
La/Mi
Fa♯m/Mi
Sim
Sim/La
Mi7/Sol♯
Re/Fa♯
A/E
F♯m/E
A/E
F♯m/E
Bm
hey, what's he you like
in the heart? yeah, if you have one
I just sit
Here's my heart
I stay here and
La/Mi
Fa♯m/Mi
La/Mi
Fa♯m/Mi
Sim
A6
GM7
and watch the o - cean
feel the pow - er
watch the o - cean
with my self
look at me look at me
don't know why
La6
Sol+7
A6
Bm
A6
5
e - ven do - ing my own coo - kin'
(parlé) I'm a flower
(parlé) don't know why I keep on talkin'
1.2.3. you can laugh
you're for - gi - ven,
La6
Sim
La6

GM7
A6
D
A/C♯
but I'm no lon - ger frighten - ed to be liv - in' Sen - za u - na don - na no more
(4.) I don't
Sol+7
La6
Re
La/Do♯
Bm
A
D
A/C♯
pain and no sor - row Sen - za u - na don - na 1.2. I'll
know what might fol - low Sen - za u - na don - na 3. I' ll
4. oh,
Sim
La
Re
La/Do♯
G
A
D
A/C♯
make it through to - mor - row Sen - za u - na don - na
make it through to - mor - row Sen - za u - na don - na giv - in' me
may - be from to - mor - rows Sen - za u - na don - na
Sol
La
Re
La/Do♯
1.
Bm
A
D
A/C♯
G
A
F♯7/A♯
tor - ture and bliss with - out a wom - an oh bet - ter like this
Sim
La
Re
La/Do♯
Sol
La
Fa♯7/La♯

2.
Bm A G D/F♯ A F♯7/A♯
tor - ture and bliss
Oh
Sim La Sol Re/Fa♯ La Fa♯/La♯
3.
Bm A G D/F♯ A
tor - ture and bliss with - out a wom - an
Vie - ni qui come on in Sen - za u - na
Sim La Sol Re/Fa♯ La
4.
Bm A G D/F♯ D
tor - ture and bliss eh oh
Sim La Sol Re/Fa♯ Re

THE PROMISE YOU MADE

Paroles et Musique de Peter Kingsbery

2e fois aller a B
1e fois seult.
B
C C G/B F/A Am7 G
2. Could
Could I re-ly on your faith to be strong To
You un-derstand if you found me un-true Would
Do Do Sol/Si Fa/La Lam7 Sol
G/B F/A Am7 G
pick me back up And to push me a-long (Please Tell me
we be-come one Or di-vid-ed in two (Please Tell me
Sol/Si Fa/La Lam7 Sol
F G Em F G Em
You'll be there in my hour of need You won't turn me a-way
Fa Sol Mim Fa Sol Mim
C/E Em7 F G Em F C
Help me out of the life I lead Re-mem-ber the pro-mise you
Do/Mi Mim7 Fa Sol Mim Fa Do

C+
C
al CODA
1.
E
Am/E
E7
D.C.
2.
E
made? Re - mem - ber the pro - mise you made? made?
Do+5
Do
Mi
Lam/Mi Mi7
Mi
Am/E
Em7
Am
C/G
F
1.
C/G
2.
C/G
Orch.
Lam/Mi Mim7
Lam
Do/Sol
Fa
Do/Sol
Do/Sol
CODA
C+
C
C+
C
made? Re - mem- ber the pro- mise you made? Re - mem - ber the pro-mise you made?
Do+5
Do
Do+5
Do
E
E7
Am
C/G
F
C
Mi
Mi7
Lam
Do/Sol
Fa
Do

TOUT SIMPLEMENT, TOUT DOUCEMENT

Paroles et Musique de Jean-Paul Dreau

B♭
F/A
Tout sim- ple- ment___ ar- rê- ter les mi- nu- tes sup- plé- men- taires___ Qui font de ma vie un en -
Tout sin- ple- ment___ changer de peau ou- bli- er tous les a - vants Fer- mer les yeux___ se sen -
Si♭
Fa/La
1.
2.3.4.
Gm7
C
- fer Je l'aime en- core mais plus vrai- ment de nou- veau___ au- tre- ment
- tir
Solm7
Do
Csus4
B
Oh Tout sim - ple - ment___ fer - mé pour cause et sen - ti -
Tout sim - ple - ment___ fer - mé pour cause et sen - ti -
Do4
Si♭

F
A7
-ments dif-fé-rents Re-vien-drai p't'être dans un jour, un mois un an dans son cœur dans sa tê-
-ments dif-fé-rents Tout sim-ple-ment fer-mé pour cause d'in-ven-taire dans mon cœur dans ma tê-
Fa
La7
Dm
Gm7
1.3.5. et ad lib.
C
te Si en-core il m'at-tend
te chan-ger tout vrai-ment
Rem
Sol7
Do
2.
Csus4
C
4.
Csus4
C
Do4
Do
Do4
Do

WHEN A MAN LOVES A WOMAN

Paroles et Musique de Calvin Lewis, Andrew Wright

Eb Bb Cm Eb
bad he can't see it she can do no wrong;
plays him for a fool he's the last one to know;
Mib Sib Dom Mib
Ab Bb7 Eb Bb7
Turn his back on his best friend if he put her down. When A
Lov - ing eyes can nev-er see. When A
Lab Sib 7 Mib Sib 7
Eb Bb Cm Eb
Man Loves A Wo-man spend his ver-y last dime.
Man Loves A Wo-man he could nev-er do her wrong
Mib Sib Dom Mib

Ab Bb7 Eb Bb7
Try-ing to hold on - to what he needs. He'd give up
he'd nev - er want some oth - er girl. Yes When A
Lab Sib7 Mib Sib7
Eb Bb Cm Eb
all his com - forts, Sleep out in the rain.
Man Loves A Wo - man, I know how he feels.
Mib Sib Dom Mib
To next strain
Ab Bb7 Eb Eb7
If she says that's the way he ought to be.
'Cause ba - by, ba - by ba - by you're my
Lab Sib7 Mib Mib7

FINE
E♭ A♭ E♭ A♭ E♭
World. Well this man loves you wo-man,
Mi♭ La♭ Mi♭ La♭ Mi♭
E♭7 A♭ E♭ E♭7
I gave you ev - 'ry - thing I had,
Mi♭ 7 La♭ Mi♭ Mi♭ 7
A♭ E♭ Cm F7
Try ing to hold on to your, high class love, Ba - by,
La♭ Mi♭ Dom Fa7
B♭7
D.S. al FINE
please don't treat me bad. When A
Si♭ 7